# MODE D'EMPLOI



Au fil des pages, laisse-toi guider par :

- les **SYMBOLES**,
  ils te renseignent sur le type d'activité que tu vas réaliser ;

- les **PAROLES** des chansons,
  elles t'accompagnent et peuvent te donner des idées ;

  Aux marches du palais, (bis)
  Y a une tant belle fille, lon la,
  Y a une tant belle fille.

- les **CONSIGNES**,
  elles te proposent des pistes de création.

  Quels mots écrirais-tu à ton AMOUREUX
  ou à ta bien-aimée ?

Tu peux créer en chantant avec le **CD**.

Tu peux aussi utiliser l'**INDEX** alphabétique, à la fin du livre, pour trouver facilement tes chansons préférées.

# Trois esquimaux

Trois esquimaux, autour d'un brasero,
Écoutent l'un d'eux qui, sur son banjo,
Jouait le mortel ennui du pays du soleil de minuit.

Y a pas de cerise en Alaska,
Woutchi, woutchi, woutchi, woutchi, woutch, wa, wa.

Dans la banquise pas de mimosa,
Woutchi, woutchi, woutchi, woutchi, woutch, wa, wa.

Pas de petit mouton broutant sur le gazon,
Pas de rutabaga et pas de bouillon gras.

*Badoum-badoum, badoum, badoum, badoum, (bis)*
*Badoum-badoum, doumba-doumba. (bis)*

De quoi aurait l'air un esquimau entouré de moutons,
et des CERISES plein la bouche ?

# Elle descend de la montagne à cheval

Elle descend de la montagne à cheval, (bis)
Elle descend de la montagne, descend de la montagne,
Elle descend de la montagne à cheval.

*Refrain*
*Singing I, I, Yuppee youppee, I, (bis)*
*Singing I, I, Yuppee, I, I, Yuppee I, I, Yuppee youppee, I !*

Elle embrasse son grand-père en descendant, (bis)
Elle embrasse son grand-père, embrasse son grand-père,
Elle embrasse son grand-père en descendant.

J'aimerais bien être son grand-père en descendant, (bis)
J'aimerais bien être son grand-père, bien être son grand-père,
J'aimerais bien être son grand-père en descendant.

Mais j'aime mieux avoir mon âge et toutes mes dents, (bis)
Mais j'aime mieux avoir mon âge, mieux avoir mon âge,
J'aime mieux avoir mon âge et toute mes dents !

En suivant les chiffres de 1 à 42, tu dessineras l'ANIMAL de la chanson.

# La bonne aventure

Je suis un petit garçon
De bonne figure,
Qui aime bien les bonbons
Et les confitures.
Si vous voulez m'en donner
Je saurai bien les manger.

*La bonne aventure, ô gué,*
*La bonne aventure.*

Lorsque les petits enfants
Sont gentils et sages,
On leur donne des bonbons
De belles images.
Mais quand ils se font gronder,
C'est le fouet qu'il faut donner.

*La triste aventure, ô gué,*
*La triste aventure.*

Je serai sage et bien bon
Pour plaire à ma mère.
Je saurai bien ma leçon
Pour plaire à mon père.
Je veux bien les contenter
Et s'ils veulent m'embrasser.

*La bonne aventure, ô gué,*
*La bonne aventure.*

**Et toi, es-tu toujours SAGE ?**
**Fais dire tout et son contraire à cette chanson.**

Je suis ________ ______ ______
De mauvaise humeur
Qui n'aime pas ________ ______
Et les _____ ______ ______
Si vous voulez m'en donner
Je ________ ______ ________

Lorsque les petits enfants
Ne sont ________ ______
On ne leur donne pas ___ ______
Ni ________ ______ ______
Pour se faire pardonner
C'est ________ ______ ______

*La bonne aventure, ô gué,*
*La bonne aventure.*

Je sais ________ ______ ____
Pour déplaire à ma mère
J'aime _____ ______ ________
Pour embêter mon père
Mais ______ ____ ______ ______
Et qu'ils viennent m'embrasser.

# Il court, il court, le furet

Il court, il court, le furet,
Le furet du bois, mesdames,
Il court, il court, le furet,
Le furet du bois joli.

Il est passé par ici,
Le furet du bois, mesdames,
Il repassera par là,
Le furet du bois joli.

Sauras-tu retrouver le chemin du FURET ?

# Arlequin marie sa fille

Arlequin marie sa fille,
Grosse et grasse et bien gentille.
Il la marie à Pierrot,
Ah, riguinguette !
Il la marie à Pierrot,
Ah, riguingo !

Il lui donne en mariage
Du pain sec et du fromage,
Et du sel plein son sabot,
Ah, riguinguette !
Et du sel plein son sabot,
Ah, riguingo !

Boiteux était le notaire,
Borgne était monsieur le maire,
Et l'adjoint était manchot,
Ah, riguinguette !
Et l'adjoint était manchot,
Ah, riguingo !

À ce joyeux hyménée
Assistait une nichée
De serins et de pierrots,
Ah, riguinguette !
De serins et de pierrots,
Ah, riguingo !

Mais où sont passés les MARIÉS ?

# Compagnons de la Marjolaine

*Qui est-ce qui passe ici si tard ?*
*Compagnons de la Marjolaine.*
*Qui est-ce qui passe ici si tard ?*
*Gai, gai, dessus le guet.*

C'est le chevalier du guet,
Compagnons de la Marjolaine.
C'est le chevalier du guet,
Gai, gai, dessus le guet.

*Que demande le chevalier…*

Une fille à marier…

*Y a pas de filles à marier…*

On a dit que vous en aviez…

*Ceux qui l'ont dit se sont trompés…*

**Seul ou accompagné, ce dialogue peut être chanté à deux VOIX.**
**Si tu essayais ?**

Je veux que vous m'en donniez...
*Sur les onze heures repassez...*
Les onze heures sont bien passées...
*Sur la minuit revenez...*
Voilà la minuit sonnée...
*Mais nos filles sont couchées...*
En est-il une d'éveillée...
*Qu'est-ce que vous lui donnerez...*
De l'or, des bijoux, assez...
*Elle n'est pas intéressée...*
Mon cœur je lui donnerai...
*En ce cas-là choisissez...*

# Vive la rose

Mon ami me délaisse,
Ô gué, vive la rose !
(bis)
Je ne sais pas pourquoi,
Vive la rose et le lilas !
(bis)

Il va en voir une autre,
Ô gué, vive la rose !
(bis)
Ne sais s'il reviendra,
Vive la rose et le lilas !
(bis)

On dit qu'elle est très belle...
Bien plus belle que moi...

On dit qu'elle est malade...
Peut-être qu'elle en mourra...

Si elle meurt dimanche...
Lundi on l'enterrera...

Mardi viendra me voir...
Mais je n'en voudrai pas...

Avec un beau bouquet de roses et de LILAS, cette jeune femme retrouvera le sourire.

# En passant par la Lorraine

En passant par la Lorraine
Avec mes sabots,
*(bis)*
Rencontrai trois capitaines,
Avec mes sabots dondaine,
Oh, oh, oh, avec mes sabots !

Rencontrai trois capitaines,
Avec mes sabots,
*(bis)*
Ils m'ont appelée vilaine,
Avec mes sabots dondaine,
Oh, oh, oh, avec mes sabots !

Je ne suis pas si vilaine...

Puisque le fils du roi m'aime...

Il m'a donné pour étrennes...

Un bouquet de marjolaine...

Je l'ai planté dans la plaine...

S'il fleurit, je serai reine...

S'il y meurt, je perds ma peine...

En passant par la Lorraine...

La Lorraine est la seule **RÉGION** de France qui touche trois autres pays. Peux-tu la situer ?

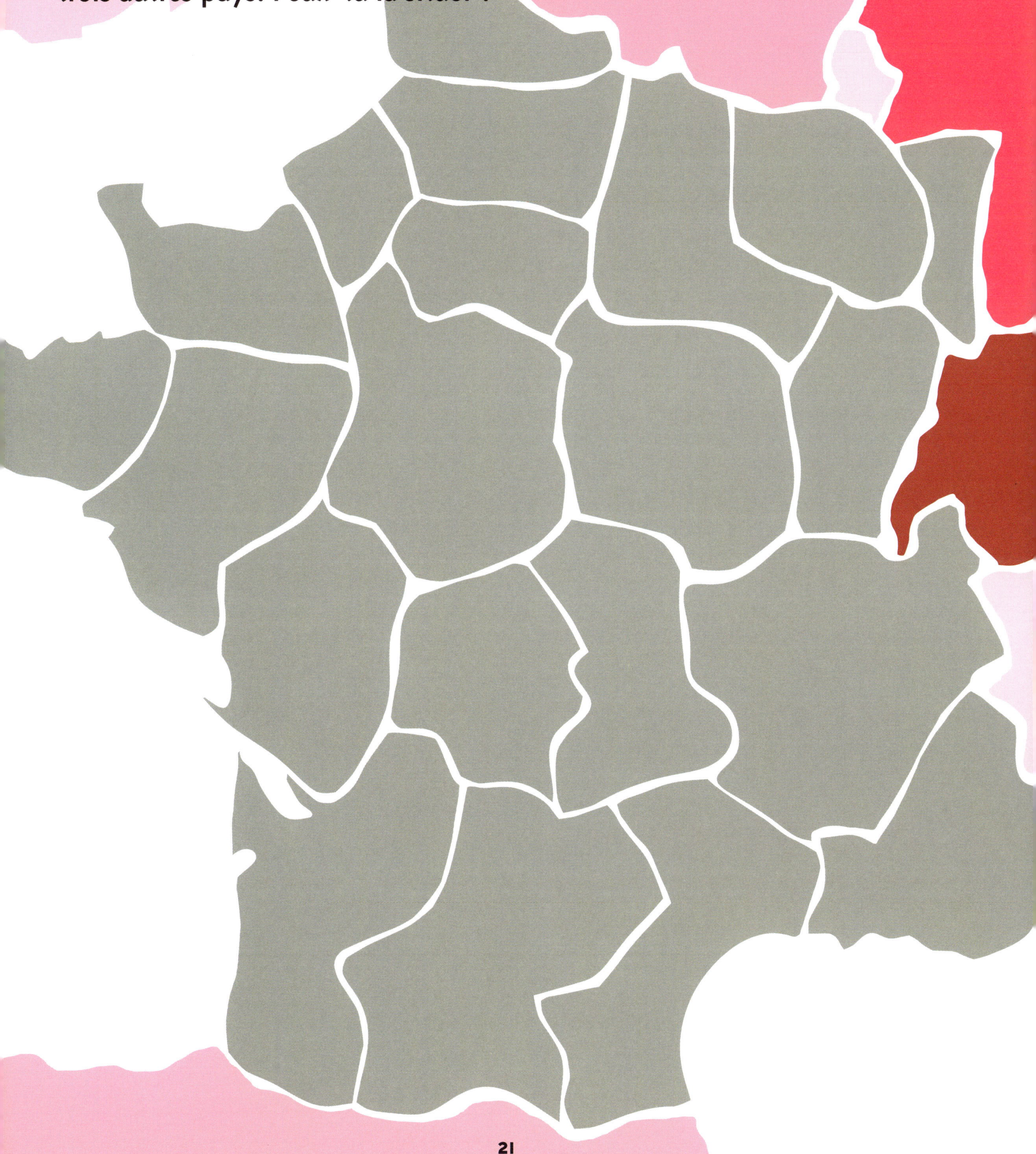

# Frère Jacques

Frère Jacques, (bis)
Dormez-vous ? (bis)
Sonnez les matines ! (bis)
Ding, deng, dong ! (bis)

Tu connais bien cette chanson. Mais peux-tu la chanter en VERLAN ? Il te suffit d'inverser les syllabes.

Refrè queja, (bis)
Médor-vous ? (bis)
Néssonne les tin'ma ! (bis)
Dong, deng, ding ! (bis)

# Aux marches du palais

Aux marches du palais, (bis)
Y a une tant belle fille, lon la,
Y a une tant belle fille.

Elle a tant d'amoureux (bis)
Qu'elle ne sait lequel prendre, lon, la
Qu'elle ne sait lequel prendre.

C'est un petit cordonnier,
Qu'a eu la préférence…

C'est en la l'y chaussant,
Qu'il lui fit sa demande…

La belle si tu voulais,
Nous dormirions ensemble…

Dans un grand lit carré,
Couvert de taies blanches…

Aux quatre coins du lit,
Un bouquet de pervenches…

Au beau mitant du lit,
La rivière est profonde…

Tous les chevaux du roi,
Pourraient y boire ensemble…

Et nous y dormirions,
Jusqu'à la fin du monde…

Quels mots écrirais-tu à ton AMOUREUX ou à ta bien-aimée ?

# Bon voyage monsieur Dumollet

*Refrain*
*Bon voyage monsieur Dumollet,*
*À Saint-Malo débarquez sans naufrage.*
*Bon voyage monsieur Dumollet,*
*Et revenez si le pays vous plaît.*

Là vous verrez les deux mains dans les poches,
Aller, venir les sages et les fous,
Des gens bien faits, des tordus, des bancroches,
Nul ne sera si bien jambé que vous.

Des polissons vous feront bien des niches,
À votre nez riront bien des valets.
Craignez surtout les barbets, les caniches,
Car ils voudront caresser vos mollets.

L'air de la mer peut vous être contraire,
Pour vos bas bleus, les flots sont un écueil.
Si ce séjour venait à vous déplaire,
Revenez-nous avec bon pied bon œil !

Le chemin est semé d'EMBÛCHES !
Peux-tu mener monsieur Dumollet à bon port ?

# L'empereur, sa femme et le petit prince

Lundi matin,
L'empereur, sa femme et le petit prince,
Sont venus chez moi
Pour me serrer la pince.
Comme j'étais parti,
Le petit prince a dit :
Puisque c'est comme ça
Nous reviendrons mardi !

Mardi matin,
L'empereur, sa femme et le petit prince,
Sont venus chez moi
Pour me serrer la pince.
Comme j'étais parti,
Le petit prince a dit :
Puisque c'est comme ça
Nous reviendrons mercredi !

*Mercredi...*
*Jeudi...*
*Vendredi...*
*Samedi...*
*Dimanche...*

Joyeux lundi, l’empereur et les siens finissent la semaine très en COLÈRE. Saurais-tu les dessiner ?

# Ah, mon beau château

Ah, mon beau château,
Ma tant' tire, lire, lire,
Ah, mon beau château,
Ma tant' tire, lire, lo.

Le nôtre est plus beau,
Ma tant' tire, lire, lire,
Le nôtre est plus beau,
Ma tant' tire, lire, lo.

Nous le détruirons...

Nous paierons rançon...

Vos filles en rançon...

Laquelle prendrez-vous ?...

Celle que voici...

Que lui donnerez-vous ?...

De très beaux bijoux...

Elle reste chez nous...

Ah, mon beau château...

Pour toi, lequel de ces deux CHÂTEAUX est le plus beau ?
Combien vois-tu de différences ?

# Y a une pie dans le poirier

Y a une pie dans le poirier,
J'entends la pie qui chante.
Y a une pie dans le poirier,
J'entends la pie chanter.
(Bis)

*Refrain*
*J'entends, j'entends,*
*J'entends la pie qui chante.*
*J'entends, j'entends,*
*J'entends la pie chanter.*

Y a deux pies dans le poirier,
J'entends les pies qui chantent.
Y a deux pies dans le poirier,
J'entends les pies chanter.
(Bis)

Y a dix pies…
Y a cent pies…
Y a mille pies…

Et si tu chantais de **10** pies en **10** pies ?

# Adieu madras

Adieu foulard, adieu madras,
Adieu robe-soie, adieu collier-choux.
Doudou an mwen ki ka pati,
Hélas, hélas cé pou toujou.
Doudou an mwen ki ka pati,
Hélas, hélas cé pou toujou.

Bonjour monsieur le gouverneur,
Mwen vini fè an ti pétition,
Pou mandé vou la permission
Pou laissé doudou mwen ba mwen,
Pou mandé vou la permission
Pou laissé doudou mwen ba mwen.

Non, non, mam'zelle, il est trop tard,
La consigne est déjà signée.
Doudou à vous ki ka pati,
Le navire est sur la bouée.
Doudou à vous ki ka parti,
Le navire est sur la bouée.

Adieu foulard, adieu madras,
Adieu grain d'or, adieu collier-choux.
Doudou an mwen ki ka pati,
Hélas, hélas cé pou toujou.
Doudou an mwen ki ka pati,
Hélas, hélas cé pou toujou.

## À quoi RÊVE cette jolie jeune fille ?

# Ah, vous dirais-je maman

Ah, vous dirais-je maman,
Ce qui cause mon tourment.
Papa veut que je raisonne
Comme une grande personne.
Moi je dis que les bonbons
Valent mieux que la raison.

Ah, vous dirais-je maman,
Ce qui cause mon tourment.
Le chat a mangé la soupe,
La cuisine est en déroute.
Ce petit animal rusé
Ne fait que nous embêter.

Quand trois poules vont aux champs,
La première va devant,
La deuxième suit la première,
La troisième va derrière,
Quand trois poules vont aux champs,
La première va devant.

Qu'est-ce qui te TRACASSE ? Tu peux l'écrire ou le dessiner.

# Hardi les gars !

Hardi les gars, vire au guindeau,
Good bye farewell, good bye farewell.
Hardi les gars, adieu Bordeaux,
Hourra ô Mexico, oh ! oh ! oh !
Au cap Horn il ne fera pas chaud,
Haul away, hé ! oula tchalez !
Pour faire la pêche au cachalot,
Hâl' matelot, hé ho, hisse hé ho !

Plus d'un y laissera sa peau,
Good bye, farewell, good bye, farewell.
Adieu misère, adieu bateau,
Hourra ô Mexico, oh ! oh ! oh !
Et nous irons à Valparaiso,
Haul away, hé ! oula tchalez !
Où d'autres laisseront leurs os,
Hâl' matelot, hé ho, hisse hé ho !

Ceux qui reviendront pavillon haut,
Good bye farewell, good bye farewell.
C'est premier brin de matelot,
Hourra ô Mexico, oh ! oh ! oh !
Pour la bordée, ils seront tous à flot,
Haul away, hé ! oula tchalez !
Bon pour la fille et le couteau,
Hâl' matelot, hé ho, hisse hé ho !

**Cap à l'OUEST ! De navire en navire, trace l'itinéraire des matelots.**

# La chèvre

Il était une chèvre de fort tempérament,
Qui revenait d'Espagne et parlait l'allemand.

> *Refrain*
> *Ballottant de la queue*
> *Et grignotant des dents.*
> *Ballottant de la queue*
> *Et grignotant des dents.*

Elle entra par hasard dans le champ d'un Normand,
Et y vola un chou qui valait bien trois francs.

Et la queue d'un poireau qui en valait bien autant,
Le Normand l'assigna devant le Parlement.

La chèvre comparut et s'assit sur un banc,
Puis elle ouvrit le Code et regarda dedans.

Elle vit que son affaire allait fort tristement,
Alors, elle ouvrit la porte et prit la clé des champs !

Si une chèvre vole 3 choux et 2 queues de poireaux dans un champ, combien doit-elle au PAYSAN ?

# La marche des rois

De beau matin, j'ai rencontré le train,
De trois grands rois qui allaient en voyage.
De beau matin, j'ai rencontré le train,
De trois grands rois dessus le grand chemin.

Venaient d'abord les gardes du corps,
Des gens armés avec trente petits pages.
Venaient d'abord les gardes du corps,
Des gens armés dessus leur justaucorps.

Puis sur un char, parmi les étendards,
Venaient trois rois modestes comme des anges.
Puis sur un char, parmi les étendards,
C'est Melchior, Baltazar et Gaspard.

L'étoile luit qui les rois conduit,
Par longs chemins, devant une pauvre étable.
L'étoile luit qui les rois conduit,
Par longs chemins devant l'humble réduit.

Au fils de Dieu, qui est né en ces lieux,
Ils viennent tous présenter leurs hommages.
Au fils de Dieu, qui est né en ces lieux,
Ils viennent tous présenter leurs doux vœux.

Or, myrrhe, encens sont les beaux présents
Qu'ils ont porté à cet enfant adorable.
Or, myrrhe, encens sont les beaux présents
Qu'ils ont porté à ce divin enfant.

Trois grands ROIS voyagent chargés de cadeaux,
comment les imagines-tu ?

# Les filles de La Rochelle

Sont les filles de la Rochelle,
Ont armé un bâtiment,
Pour aller faire la course,
Dans les îles du Levant.

*Refrain*
*Ah, la feuille s'envole, s'envole,*
*Ah, la feuille s'envole au vent !*

La grand-vergue est en ivoire,
Les poulies en diamant,
La grand-voile est en dentelle,
La misaine en satin blanc.

L'équipage du navire,
C'est tout filles de quinze ans.
Le capitaine qui les commande,
C'est le roi des bons enfants.

Hier faisant sa promenade,
Dessus le gaillard d'avant,
Aperçut une brunette,
Qui pleurait dans les haubans.

Qu'avez-vous jeune brunette,
Qu'avez-vous à pleurer tant ?
Avez-vous perdu votre mère,
Ou quelqu'un de vos parents ?

Je n'ai pas perdu ma mère,
Ni quelqu'un de mes parents,
J'ai perdu la rose blanche,
Qui s'en fut la voile au vent.

Elle est partie vent arrière,
Elle reviendra vent devant.
Elle reviendra jeter l'ancre
Dans la rade des bons enfants.

Essaie de localiser La Rochelle : sur la côte Ouest, entre la Loire et la Garonne, près de deux ÎLES et d'un fort bien connu.

# Au clair de la lune

Au clair de la lune,
Mon ami Pierrot,
Prête-moi ta plume
Pour écrire un mot.
Ma chandelle est morte,
Je n'ai plus de feu.
Ouvre-moi ta porte
Pour l'amour de Dieu.

Au clair de la lune,
Pierrot répondit :
Je n'ai pas de plume,
Je suis dans mon lit.
Va chez la voisine,
Je crois qu'elle y est,
Car dans sa cuisine,
On bat le briquet.

Au clair de la lune,
L'aimable Lubin,
Frappe chez la brune.
Elle répond soudain :
Qui frappe de la sorte ?
Il dit à son tour :
Ouvrez votre porte
Pour le dieu d'amour.

Au clair de la lune,
On n'y voit qu'un peu.
On chercha la plume,
On chercha du feu.
En cherchant de la sorte,
Je ne sais ce qu'on trouva,
Mais je sais que la porte
Sur nous se ferma.

Il existe des versions RIGOLOTES de cette chanson.
Quelle est la tienne ?

# Il était un petit homme

Il était un petit homme,
À cheval sur un bâton,
Qui s'en allait à la chasse,
À la chasse aux hannetons.

*Refrain*
*Titontaine, titontaine,*
*Titontaine, titonton.*

Qui s'en allait à la chasse,
À la chasse aux hannetons,
Quand il fut sur la montagne,
On tira un coup de canon.

Quand il fut sur la montagne,
On tira un coup de canon.
Il en eut si peur tout de même,
Qu'il tomba sur ses talons.

Il en eut si peur tout de même,
Qu'il tomba sur ses talons.
Toutes les dames du village,
Lui portèrent des bonbons.

Toutes les dames du village,
Lui portèrent des bonbons.
Je vous remercie, mesdames,
De vous et de vos bonbons.

Aimes-tu les insectes ?
Peux-tu retrouver le HANNETON dans ce tableau ?

# Mon beau sapin

*Français*

Mon beau sapin, roi des forêts,
Que j'aime ta verdure !
Quand par l'hiver, bois et guérets
Sont dépouillés de leurs attraits.
Mon beau sapin, roi des forêts,
Tu gardes ta parure !

Chacun te veut, dans sa maison,
Lorsque Noël arrive !
Autour de toi, sont rassemblés
Cadeaux, lumières et jouets.
Mon beau sapin, roi des forêts,
Que j'aime ta verdure !

*Espagnol*

Oh, luz de Dios, estrella azul,
Que brillas en la altura !
Brille tu luz en el portal
El sol de amor oculto está.
Oh, luz de Dios, estrella azul,
Que brillas en la altura !

## En quelle langue as-tu envie de CHANTER ?

*Anglais*

O Christmas tree, O Christmas tree,
How are thy leaves so verdant !
Not only in the summertime
But even in winter is thy prime.
O Christmas tree, O Christmas tree,
How are thy leaves so verdant !

*Allemand*

O Tannenbaum, O Tannenbaum,
Wie treu sind deine Blätter !
Du grünst nicht nur zur Sommerzeit
Nein auch im Winter wenn es schneit.
O Tannenbaum, O Tannenbaum,
Wie grün sind deine Blätter !

*Italien*

O albero, o albero,
Risplendi nella notte !
Le luci tue scintillano
Come le stelle brillano.
O albero, o albero,
Risplendi nella notte !

# INDEX

# INDEX

**Les auteurs**
Conception éditoriale et suivi de réalisation : Charlotte Court et Nathalie Grivot
Conception graphique, illustrations et maquette : Nina Testut

*Des transparences, de la matière, et puis des coeurs parfois...*

**Le CD**
Chansons traditionnelles revisitées par Xavier Thibault, chef d'orchestre du Grand Orchestre du Splendid
Mastering : Olivier Delevingne / Silence
℗ Victorie Music 2007

**Les Éditions des Braques**
Édition : Mathilde Davignon, Édith Louis, Isabelle Moisan
Directeurs de collection : Deborah Elalouf, Éric Jiroux

ISBN : 978-2-918911-27-2

4 rue de Braque 75003 Paris
Loi n°49-956 du 16 juillet 1949 sur les publications destinées à la jeunesse

Diffusion Harmonia Mundi
Dépôt légal : mai 2012
Imprimé en France par les imprimeries Clerc
IMPRIM'VERT®

*C'est près de Bourges, dans le Cher*

*Oui, oui, de 8h à 19h30 précises.*

*Et des moches aussi, parfois!*

*On aurait pu faire un livre sans texte et un DVD sans images… Mais on n'a pas osé.*

*Une grosse envie qui nous a pris comme ça.*

Parce que chaque jour nous côtoyons les plus beaux répertoires
musicaux et visuels, nous avons eu envie
de les faire vivre et de les enrichir. Musique, animation,
texte et illustration se répondent avec authenticité et humour.
Des moments de complicité à partager en famille
et de nouveaux horizons à découvrir,
que l'on soit petit ou grand.

Les Éditions Des Braques

Dans la même collection

**Mon premier atelier de chansons traditionnelles**

**1 livre d'activités . 1 recueil de chansons . 1 cd**

Dès 3 ans . Mai 2012

Des fonds d'écran, des dessins à colorier… et puis quoi encore ?
sur www.leseditionsdesbraques.com

Bravo l’artiste !